Inhoudsopgave

Inleiding

Terwijl ik naar het ontroerende schouwspel van de in lockdown verblijvende Italianen keek, gezamenlijk zingend vanaf de balkons van hun huizen, wist ik dat we op de drempel stonden van een nieuw tijdperk dat de geschiedenisboeken in zou gaan als een keerpunt in de evolutie van de mensheid.

Het coronavirus stormde heel snel ons leven binnen. Het verraste ons, we waren niet voorbereid op de naderende zelfontdekking en de inzichten die het zou veroorzaken.

Paniek en hulpeloosheid in het aangezicht van de meedogenloze verspreiding van het virus markeerden aanvankelijk de geboorte van een nieuwe wereld. Geen enkel fenomeen heeft ons leven de afgelopen tijd zozeer verstoord als dit virus. Een minuscuul, bijna onzichtbaar deeltje, zette spaken in het wiel van onze wereldwijde sociaal/economische infrastructuur, het hield ons in quarantaine in onze respectievelijke woningen zonder dat het einde in zicht was.

Waar terroristische daden, wereldoorlogen en nucleaire dreigingen ons ooit bang maakten, zijn we nu verbijsterd omdat het virus zich niets aantrekt van de een of andere onderhandeling of overeenkomst.

De wereldwijde noodtoestand waarin we zijn terechtgekomen, vraagt om een diepe introspectie, niet alleen op individueel of staatsniveau; dit gaat namelijk over alle grenzen en door alle culturen heen. Het kunnen inschatten van de omvang en de impact van de door het virus veroorzaakte transformatie, ligt momenteel ver van ons af, maar de dageraad van een nieuw tijdperk wordt zeker over de hele wereld aangevoeld.

De Dag na het Coronavirus: Hoe COVID-19 een Oproep is voor een Globaal Ontwaken, onderzoekt het nieuwe proces waarin de mensheid is terechtgekomen vanuit het perspectief van de wijsheid van Kabbalah, deze wijsheid die ik meer dan veertig jaar bestudeer en onderwijs. In Kabbalah ontdekte ik de fundamenten voor letterlijk elke uitdaging waarmee we in het leven worden geconfronteerd. Deze kennis heb ik verworven door mijn leraar, Kabbalist Baruch Shalom HaLevi Ashlag (1907-1991), ook wel bekend als "Rabash", de zoon en leerling van de 20e-eeuwse Kabbalist Yehuda Ashlag (1885-1954), die de naam "Baal HaSulam" kreeg (Hebreeuws voor "Meester van de Ladder") voor zijn "Sulam" ("Ladder") commentaar op Het Boek De Zohar.

"De negatieve krachten die in de huidige situaties optreden, zijn bedoeld voor de vooruitgang van de mensheid. Door deze krachten beklimt de mensheid de treden van de ladder. Ze zijn betrouwbaar voor het uitvoeren van hun taak, namelijk de mensheid naar de laatste, meest begerenswaardige staat van de evolutie brengen, gezuiverd van elke schande en smet." - Baal HaSulam, *De Natie.*

Van Onverschilligheid naar Paniek

De eerste keer dat we iets over het coronavirus hoorden, was via marginale nieuwsberichten over een virale uitbraak in een ver land: China. We hadden echter geen idee dat het ons leven zo ingrijpend zou beïnvloeden, dus we gingen snel over naar andere nieuwsitems.

In het begin waren alleen reizigers die uit een paar Aziatische landen arriveerden het onderwerp van thuisquarantaine. Later werden er vluchten naar het Oosten en andere delen van de wereld geannuleerd en moesten mensen die uit bepaalde landen terugkeerden, verplicht een quarantaineperiode binnenshuis blijven.
Maar zelfs toen wisten we nog steeds niet wat het voor ons zou betekenen en wat er verder zou gebeuren. We waren vooral bezorgd over het lot van de vele producten die we meestal in China bestellen.

Wie had gedacht dat een epidemie in een afgelegen Chinese provincie in korte tijd een wereldwijde pandemie zou worden en bij ons op de deur zou kloppen?
Iedereen heeft weleens gehoord van het butterfly effect, waarbij een kleine verstoring in het ene deel van de wereld gevolgen heeft voor vele andere gebieden, maar we vatten dit concept enigszins metaforisch en filosofisch op.

In de eerste fase van de pandemie, toen we ons nog niet bewust waren van het wereldwijde expansieve en catastrofale potentieel van het virus, vonden sommigen de maatregelen van de gezaghebbende autoriteiten wat overdreven, aangezien het coronavirus niet dodelijker leek dan een griep. Het sterftecijfer leek relatief laag en het coronavirus schaadde vooral de zwakkere bevolkingsgroepen. Het was dus onduidelijk waarom de bewegingsvrijheid van de hele bevolking moest worden beperkt.

De daaropvolgende fase vertoonde een versnelling van de verspreiding van de pandemie, met een plotselinge piek in het aantal infecties en sterfgevallen. Schrik, onzekerheid, angst en paniek overspoelden de samenlevingen.
Velen begonnen zich verloren te voelen toen de dreiging van een lockdown in steeds meer landen realiteit begon te worden.

Uiteraard werden onze elementaire overlevingsinstincten geactiveerd. We plunderden supermarkten, leegden de schappen en vulden daarmee onze voorraadruimtes.
Het toiletpapier was op. Eieren werden een zeldzaam goed.

Iedereen werd ineens achterdochtig. Hielden mensen zich wel strikt aan de aanbevolen gezondheidsrichtlijnen of niet? Waar waren ze geweest? Waar kwamen ze mee in aanraking? Waren ze nauwgezet met hun hygiëne? En als iemand betrapt werd op niezen of hoesten, vormde hij een gevaar voor de volksgezondheid, een risico voor het welzijn van het publiek.

Regeringsleiders waren dag en nacht verwikkeld in koortsachtige discussies die gericht waren op het voorkomen van de verspreiding van het virus zonder een economische ineenstorting te veroorzaken. De controverses, sociale breuken en zelfs terroristische en nucleaire bedreigingen van gisteren waren allemaal verdwenen in het licht van een nieuw, wereldwijd probleem.

Zoals we in het verleden piekerden over welke nieuwe auto we zouden gaan kopen, waar we onze volgende vakantie naartoe zouden gaan of welke modieuze schoenen we aan onze collectie wilden toevoegen, werden we na de wereldwijde verspreiding van het coronavirus hals over kop in een nieuwe realiteit geplaatst en werden we geconfronteerd met serieuze vragen over de manier waarop we in onze basisbehoeften konden voorzien.

Zouden we volgende week nog iets te eten hebben of zou er geen vervoer meer zijn? En wat zou er gebeuren als we morgen onze boodschappen, onze huur, onze hypotheek of andere leningen en schulden niet meer zouden kunnen betalen?

2

Wederzijdse afhankelijkheid

Als we onszelf vanaf de zijlijn bekijken, kunnen we zien hoe het coronavirus onze nietigheid en zwakte blootlegt in vergelijking met de overweldigende, intimiderende natuur. Het is alsof de natuur als een haai zijn bek wijd opent en wij ineenkrimpen bij het zien van zijn kaken.

Bovendien onthult het coronavirus onze nauwe wederzijdse afhankelijkheid, zij het op een negatieve wijze. Dat wil zeggen, we kunnen elkaar bij het minste contact infecteren, door een handdruk of zelfs wanneer we alleen maar dezelfde ruimte delen. Het enige wat daarvoor nodig is, is een moment van onverantwoordelijkheid, hetzij onschuldig of door schaamteloos de richtlijnen van de gezondheidsraad te negeren, wat ervoor zorgt dat anderen in onze omgeving de ziekte kunnen krijgen.

In de 21e eeuw raakten we eraan gewend om gemakkelijk te communiceren met mensen over de hele wereld, online te winkelen, regelmatig te vliegen en voortdurend updates te ontvangen over wat er letterlijk overal gebeurt. We hebben ons echter niet de omvang van een dergelijke connectiviteit voorgesteld: het zijn banden die tussen ons geweven zijn en onmogelijk verbroken kunnen worden.

Het coronavirus maakte duidelijk dat het probleem van iemand in een ver land heel snel ook ons probleem kon worden. De afgelopen jaren begonnen politici, economen en staatshoofden te praten over hoe wij - de mensheid - allemaal in hetzelfde schuitje zitten. Toen uit het niets de pandemie uitbrak, werd het concept van wereldwijde wederzijdse afhankelijkheid een tastbare realiteit.

Het coronavirus benadrukt het bestaande netwerk van wederzijdse invloed dat tussen ons leeft en ademt. Een dergelijk netwerk bestond al voordat het virus verscheen, maar we waren ons er niet van bewust of we waren te veel bezig met ons dagelijks leven.

"Aan wederzijdse afhankelijkheid wordt iedereen over de hele wereld op een ongekende manier blootgesteld", schreef voormalig secretaris-generaal van de NAVO, Javier Solana, bijna tien jaar geleden in zijn artikel "The New Grammar of Power", samen met Daniel Innerarity, hoogleraar sociale en politieke filosofie aan de Universiteit van Baskenland.

In dit artikel gaan Solana en Innerarity dieper in op de grote mate van onze wederzijdse afhankelijkheid en trekken zij een belangrijke conclusie over een noodzakelijke fundamentele verandering in onze houding naar elkaar, als we erkennen hoezeer we onderling afhankelijk zijn:

"Denk aan klimaatverandering, de risico's van kernenergie en proliferatie, terroristische dreigingen [...], de neveneffecten van politieke instabiliteit, de economische gevolgen van financiële crises, epidemieën (waarvan de risico's toenemen bij grotere mobiliteit en vrijhandel), en plotselinge paniek, veroorzaakt door de media. [...] Niets staat op zichzelf. [...] De problemen van andere mensen zijn nu ook onze problemen, en we kunnen er niet langer onverschillig naar kijken of hopen er persoonlijk voordeel uit te halen. We moeten een nieuwe grammatica van macht leren in een wereld die meer zal bestaan uit het algemeen welzijn - of het algemeen kwaad - dan uit eigenbelang of nationaal belang."

De wetten van het netwerk waarin we leven, beginnen ons in te sluiten. De gezondheidsinstellingen van de overheid zijn de hoogste wetgevers geworden, er zijn nieuwe regels vastgesteld. Eerst werd direct contact verboden. Naderhand kwamen er orders om een minimale afstand van twee meter van elkaar aan te houden, mondkapjes en handschoenen te gebruiken en om in quarantaine te gaan als we in nauw contact waren geweest met een positief geteste COVID-19-patient. Daarna volgde het proces van een geleidelijke algemene lockdown.

Naarmate de dagen verstreken en het aantal patiënten in ziekenhuizen enorm toenam, ontstonden er zorgen over een mogelijke ineenstorting van het gezondheidszorgsysteem. We konden het ons niet veroorloven om ons een dergelijke situatie zelfs maar voor te stellen. De omstandigheden hebben ons doen beseffen dat er alleen enige kans is dat de snelle verspreiding van het virus wordt beperkt als we vanuit persoonlijke en wederzijdse verantwoordelijkheid handelen,

In de pre-coronavirus wereld klonk wederzijdse verantwoordelijkheid als een plezierige slogan, vergelijkbaar met "je naaste liefhebben als jezelf", een mooie waarde die niemand eigenlijk verwachtte te implementeren.

In gevechtseenheden trainen de strijders om een dergelijke verbinding te handhaven om te kunnen overleven, maar buiten het militaire kader om, wordt wederzijdse verantwoordelijkheid gezien als een abstract ideaal

Het coronavirus maakte snel duidelijk dat "wederzijdse verantwoordelijkheid" veel meer is dan alleen maar een paar mooie woorden: we kunnen elkaar allemaal besmetten, en we zijn dus verplicht om verantwoordelijk voor elkaar te zijn.

Of we het nu leuk vinden of het niet, iedereen die zich niet verantwoordelijk gedraagt, zal anderen schade berokkenen en dat zal eindeloze kettingreacties veroorzaken die iedereen in gevaar zullen brengen.

In veel landen werden mensen met de diagnose COVID-19 openbaar bekendgemaakt. Hun gaan en staan werd onderworpen aan epidemiologisch onderzoek en iedereen moest controleren of hij inderdaad op bepaalde tijdstippen op een bepaalde plek was geweest. Als men er was geweest, moest men daarna in quarantaine gaan en de status aan de autoriteiten melden. In die vorm zorgde het coronavirus voor persoonlijke en wederzijdse verantwoordelijkheid van grote bevolkingsgroepen. De manier waarop het virus zich heeft verspreid, heeft ons geleerd dat het individu, ongeacht wie het is, een enorme invloed heeft in het mondiale tijdperk.

Hoe meer tijd er verstreek, hoe strenger de beperkingen werden. Terwijl de wereld stil kwam te liggen en de straten steeds leger werden, ontstonden er belangrijke vragen: Wat gaat er hierna gebeuren? Wanneer eindigt deze pandemie? Wat heeft deze hele situatie veroorzaakt? En waar hebben we dit aan verdiend?

3

Waarom?

Toen we thuis opgesloten zaten, begonnen er op de sociale media berichten te circuleren met verschillende theorieën over de oorzaak van het virus: van de mensheid die de natuur vernietigt tot mensen die tegen God zondigen. Wereldwijd zochten mensen naar een verklaring voor de oorzaak van het verlammende fenomeen dat ons volledig overrompelde.

Op het eerste gezicht klinkt het misschien kinderachtig om te vragen waarom het coronavirus is ontstaan, het kan gemakkelijk worden afgedaan als iets filosofisch, mystieks of religieus, aangezien pandemieën niets nieuws zijn. De Spaanse griep van 1918 bijvoorbeeld, en vele andere pandemieën, hebben door de geschiedenis heen hele populaties vernietigd. Maar als we naar deze situatie kijken vanuit de kennis van de natuurwetten zoals zij beschreven worden door de wijsheid van Kabbalah, kunnen we er een ander licht op werpen en een nieuwe manier van denken hanteren over wat zich werkelijk in ons leven aan het ontvouwen is.

Volgens Kabbalah, de wijsheid die de schepping en de evolutie van individuen, samenlevingen, de mensheid en de natuur, als één geheel onderzoekt, is **het systeem van onderlinge, menselijke afhankelijkheid de beslissende factor achter elk probleem, of het nu gerelateerd is aan gezondheid, een emotioneel, sociaal, economisch of ecologisch probleem.**

Hoewel we misschien biologische oorzaken achter de uitbraak van het coronavirus kunnen ontdekken door het op biologisch niveau te bestuderen, zien we bij zo'n onderzoek niet dat elke biologische oorzaak uitsluitend een gevolg is van een veel diepere oorzaak. Het coronavirus kan je vergelijken met een puzzel. Het oplossen van deze puzzel betekent niets minder dan het onthullen van een uitnodiging voor het volgende niveau van de menselijke evolutie.

Evolutie - Schillen - Verbinding

Ons begrip van de wereld komt voort uit het feit dat we - naarmate de mensheid zich verder ontwikkelt - steeds meer natuurwetten ontdekken. In de oudheid vonden we uit hoe bepaalde stenen tot ijzer, koper en verschillende metalen konden worden verwerkt, en hoe grondstoffen konden worden omgezet in voedsel en dranken, zoals brood en wijn.

Later wilden wetenschappers fundamentele elementen van de natuur beschrijven door middel van verschillende wetenschappen, zoals natuurkunde, scheikunde en biologie, en formuleerden ze allerlei wetten en theorieën, zoals de wet van de zwaartekracht, energiewetten, de effecten van energie op verschillende materialen, enzovoort. Onze ontdekking van nieuwere wetten en theorieën daagden vaak de wetten uit die we al kenden, zoals Einsteins relativiteitstheorie in relatie tot de klassieke fysica, die tot zijn tijd algemeen aanvaard werd.

Alles wat er met ons en onze hele ontwikkeling gebeurt, ontvouwt zich binnen de wetten van de natuur. Hoe beter we begrijpen hoe en waarom de natuur werkt zoals ze werkt, hoe beter we de vele fenomenen kunnen begrijpen die in ons leven plaatsvinden, inclusief de corona pandemie.

De wijsheid van Kabbalah benadrukt de verbindingen tussen de verschillende niveaus van de natuur. Zoals Baal HaSulam uitlegt in zijn artikel "The Freedom" (De Vrijheid):

"Er bestaat een alomvattend verband tussen alle elementen van de realiteit voor ons [...] dit betekent dat elk schepsel in de wereld van de vier typen - mineraal, vegetatief, animaal en sprekend - afhankelijk is van de wet van causaliteit door middel van oorzaak en gevolg. [...] Dit is duidelijk voor iedereen die het karakter van de natuur onderzoekt vanuit een puur wetenschappelijk standpunt en zonder een greintje vooringenomenheid."

Alle delen van de realiteit zijn met elkaar verbonden. Elke actie heeft een systemische impact. Bovendien worden in de loop van de evolutie de verbindingen tussen de delen van de werkelijkheid steeds geavanceerder. De evolutie beschrijft de ontwikkelingsprocessen van levende wezens, van afzonderlijke elementen tot complexe levensvormen die gebaseerd zijn op samenwerking.

Zo evolueerde de levende cel uit de verbinding door samenstellingen. De basiseenheden van het leven vormden later meer verbindingen om meercellige levensvormen te ontwikkelen op de vegetatieve en de animale niveaus.

De mensheid evolueerde ook volgens dit model van toenemende connectiviteit. Tot ongeveer 100 jaar geleden waren we vooral verbonden met de fysieke omgeving waarin we opgroeiden, terwijl we tegenwoordig verbonden zijn met een veel bredere omgeving.

Het verlangen om ons te ontwikkelen en vooruit te komen, heeft ons ertoe gebracht om middelen te creëren voor verbindingen tussen mensen, landen en naties. De trein, de telegrafie, de radio en de telefoon verbond van elkaar verwijderde mensen met elkaar en internet maakte iedereen direct bereikbaar. Deze neiging om te verbinden heeft de wereld kleiner en toegankelijker gemaakt.

Evolutiebioloog en futurist Dr. Elisabet Sahtouris beschrijft hoe de evolutie de natuur voorwaarts duwt naar diversiteit en individualisering, wat telkens tot een conflict leidt dat dan weer wordt opgelost door samenwerking en de totstandbrenging van verbinding op een geavanceerder niveau. Daarom is het proces waardoor de wereld een klein mondiaal dorp is geworden geen toeval: het is een natuurlijk stadium in de evolutie van de beschaving naar een grotere vorm van verbinding.

Kabbalisten beschrijven dit ontwikkelingsproces naar toenemende verbinding als **de wet van de natuur, een alomvattende kracht die werkt in het systeem van de natuur, waardoor alles sterker onderling verbonden wordt door de creatie van meer geavanceerde links en netwerken.**

In de speciale taal van *De Zohar*, in het gedeelte *Toldot* (Generaties), wordt dit proces als volgt beschreven:

"Zoals het lichaam van de mens in organen is verdeeld en zij zich allemaal in opeenvolgende niveaus boven elkaar bevinden en samen één lichaam vormen, is het ook met de wereld, dit betekent dat al het geschapene in de wereld vele organen zijn die zich boven elkaar bevinden, zij vormen samen één lichaam. En als ze allemaal zijn gecorrigeerd, zullen ze waarlijk één lichaam zijn."

Steeds meer wetenschappers spreken tegenwoordig over de wereld als een soort "superorganisme", en beschouwen haar als één enkele verbonden entiteit.

De wederzijdse verantwoordelijkheid die door het coronavirus in het middelpunt komt te staan, maakt het bestaan van dit superorganisme duidelijk. Alle delen van de natuur, inclusief de mens, zijn door middel van talloze schakels met elkaar verbonden.

De wereld is veranderd. Van een individualistische wereld waarin iedereen los van anderen handelt, zijn we overgeschakeld naar een globale en integrale wereld, waarin we allemaal met elkaar zijn verbonden, op het gebied van gezondheid, ecologische, economische, politieke en sociale aspecten.

Globaal betekent één - heel.

Integraal betekent: onderling verbonden, waarbij alle delen, zonder uitzondering, onderling van elkaar afhankelijk zijn. Hoewel we onze globale en integrale situatie nog moeten verwerken, verandert het niets aan het feit dat dit het systeem is waarin we leven.

Alles in de natuur is met elkaar verbonden. De diepte van deze verbinding zal steeds duidelijker worden als we ons onderzoek naar het totale systeem van de natuur voortzetten door middel van de wijsheid van Kabbalah. Duurzaam leven in een systeem waarin het netwerk van verbinding steeds krachtiger wordt, maakt een verandering in ons denken en gedrag noodzakelijk.

Onverenigbaarheid met de verbonden wereld

Het coronavirus, een biologisch deeltje, nam ons te midden van de ratrace van het leven gevangen, op het hoogtepunt van onze geavanceerde connectiviteit. We leven in multiculturele samenlevingen. We hebben een globale economie ontwikkeld. We bewegen ons vrij over de planeet en deze connectiviteit werd de brandstof voor een klein virus dat in China opdook en zich tot een wereldwijde pandemie transformeerde.

In tegenstelling tot de evolutionaire trend die de delen van de natuur ontwikkelt naar integratie, complementariteit en meer uitgebreide verbindingen, heeft de mens een ingebouwd mechanisme dat volgens een tegengestelde reeks wetten werkt. Dit mechanisme geeft de voorkeur aan afscheiding en verbiedt ons om onszelf te zien als delen van een systeem, waarin ons persoonlijk welzijn voortvloeit uit het welzijn van het geheel. Dit mechanisme wordt in Kabbalah gedefinieerd als "egoïsme" en bestaat uit vele lagen.

De meest fundamentele laag van het egoïsme zorgt ervoor dat we onze bezittingen en prestaties voortdurend vergelijken met die van anderen. We vergelijken onze huizen, voertuigen, carrières, kinderen, inkomens, onze economische en sociale status, en vele andere variaties daarop, het is onze aanhoudende ambitie om ons beter te voelen dan anderen.

Ten gevolge hiervan kunnen we niet zomaar genoegen nemen met wat ons lichaam nodig heeft voor een evenwichtig bestaan. In plaats daarvan voelen we, naast onze lichamelijke behoeften, een toenemende neiging tot uitbuiting van anderen voor ons persoonlijke voordeel. Daarom gebruiken wij mensen, in tegenstelling tot enig ander wezen, onze hulpbronnen en onze omgeving op een onevenwichtige manier.

"Het is de aard van het egoïsme dat de manier waarop het wordt gebruikt het erg 'kortzichtig' maakt, want het is min of meer gedwongen om trekken van haat en uitbuiting van anderen aan te nemen, met het doel iemands eigen bestaan comfortabeler te maken. Het is dan ook geen abstracte haat, maar een die zichtbaar wordt in daden van misbruik van een vriend voor eigen voordeel, het wordt steeds duisterder, afhankelijk van het niveau, zoals bedriegen, stelen, beroven, en moord. Dit wordt het 'kortzichtige egoïsme' genoemd. "

- Baal HaSulam, *The Nation (De Natie)*.

Dit mechanisme manifesteert zich ook op internationaal niveau. Het verlangen om te heersen en gebieden, middelen en mensen te exploiteren, was de oorzaak van de grootste oorlogen in de geschiedenis, het heeft hele rijken gevormd en vernietigd.

Hoe meer wij evolueerden, des te meer wij de duel-achtige druk voelden van de tegenstelling tussen de kracht van de natuur - aandringend op een meer kwalitatieve verbinding - en ons innerlijke, egoïstische mechanisme - aandringend op het voordeel van het individu, een groep, een natie of een rijk, ten koste van anderen.

Het unieke van ons huidige tijdperk ligt in de kolossale spanning tussen de kracht van onderlinge afhankelijkheid, die ons aanzet om ons steeds meer te verbinden met elkaar en de kracht van het kortzichtige egoïsme, dat ons naar de tegenovergestelde richting trekt.

Voordat het coronavirus toesloeg, bevonden we ons op de rand van een afgrond: gespannen internationale verhoudingen, niets ontziende handelsoorlogen, een steeds grotere angst voor een nucleaire oorlog en bijna routinematige terroristische aanslagen waarbij regelmatig onschuldige mensen over de hele wereld werden gedood en gewond.

Deze verschijnselen alleen al hadden een waarschuwingslicht moeten zijn ten aanzien van het feit dat **onze zelfzuchtige manier van leven niet langer geschikt is voor het bestaan in een systeem waarin we van elkaar afhankelijk zijn**, als er geen transformatie plaatsvindt, zal het systeem instorten.

De Ecologische Omgeving

Onze zelfzuchtige houding ten opzichte van alles om ons heen heeft ook veel ecologische schade tot stand gebracht. Ieder van ons probeert anderen bij te houden; onze verlangens om rijker te worden en meer sociale status te verkrijgen, macht en controle over andere mensen te krijgen, heeft tot een moordende competitie geleid waarbij we de natuurlijke hulpbronnen ad nauseam hebben uitgebuit.

Op het ogenblik is er een ondubbelzinnig bewijs van onze vernietigende invloed op de ecologie, verschillende ecologische rapporten hebben ons hiervan veel bewuster gemaakt. Dit is echter niet de kern van het probleem.

Waarom niet? Dat komt omdat onze uitbuitende houding ten opzichte van de natuur het resultaat is van ons egoïstische relaties, de wens van iedereen om boven de ander te staan. Het ego dwingt ons om alles om ons heen als een middel te beschouwen om ons doel te bereiken, het ego vernauwt en vervormt onze kijk op de minerale, vegetatieve, animale en menselijke delen van de natuur.

De natuur is echter een integraal systeem dat alle delen met elkaar verbindt, daarbij kan geen enkel afzonderlijk deel de controle overnemen. Als de mensheid zich niet aan de regels van het systeem houdt die systemische en wederzijdse complementariteit eisen, kunnen de tegenstellingen in het systeem zich manifesteren in allerlei vormen en op allerlei niveaus, zoals aardbevingen, orkanen, sprinkhanen plagen of COVID-19.

Het is dus een misvatting om te denken dat onze problemen voorbij zullen zijn als we een vaccin of een remedie voor het coronavirus hebben gevonden. Als we het grotere geheel niet zien en doorgaan met het uitbuitingsgedrag dat wij tot nu toe vertonen, zal - zelfs als er een oplossing wordt gevonden voor het huidige virus - het zeer waarschijnlijk gevolgd worden door een sterker virus of een andere klap van de natuur.

We moeten dus de aard van de menselijke verbindingen opnieuw definiëren, omdat wij de meest ontwikkelde wezens van de natuur zijn. Als wij onze verbindingen verbeteren, zal dat onze houding ten opzichte van alles om ons heen beïnvloeden, en zal het ons op alle gebieden van het leven ten goede komen.

Hoge Connectiviteit in de Natuur

"De omvang van het gewicht van de wilskracht van de mens, en hoe cruciaal zijn niveau in werkelijkheid is, moet door de geheimen van de Torah (Kabbalah) nog worden onthuld in de wereld. En deze openbaring zal de kroon zijn op de gehele wetenschap." – Rav Abraham Isaac Kook, *Orot HaKodesh (Lights of Sanctity).*

De verbindingen tussen de verschillende niveaus van de natuur gaan veel verder dan wij kunnen waarnemen. De natuur is een alomvattend krachtenveld waarin alle specifieke bestanddelen en manieren van interactie aanwezig zijn. Er werken verschillende krachten in het systeem, van fysieke, chemische en biologische krachten tot krachten van gedachten en verlangens. Hoe kwalitatiever de kracht in het systeem, hoe meer verborgen, subtiel en invloedrijk deze is.

Attitudes, gedachten en verlangens veroorzaken een reactie in het systeem volgens hun gelijkheid van vorm - of verschil van vorm - met de kracht van de natuur die uit is op complementariteit tussen haar onderdelen. Daarom beïnvloeden onze gedachten, onze houding tegenover anderen, onze afscheiding of verbinding het natuurlijke systeem. De uitwerking ervan gaat verder dan onze sociale verhoudingen, golft door alle niveaus van de natuur heen. Hoe dat komt? Omdat het systeem integraal is, alles is met alles verbonden, afhankelijk van elkaar: één.

De wijsheid van Kabbalah heeft lang geleden onthuld dat **wanneer mensen erop uit zijn om elkaar kwaad te doen, hun negatieve relaties het totale systeem van de natuur beïnvloeden**. Dat wil zeggen dat, zelfs zonder enige schadelijke actie te ondernemen, alleen de gedachte en het verlangen om anderen te schaden al de wederzijdse complementariteit tussen de onderdelen van het systeem verbreekt. Het is misschien moeilijk te bevatten, maar onze verlangens en gedachten hebben een enorme invloed op de natuur.

De wielen van evolutie rollen echter door, ongeacht onze bereidheid om het bij te houden.

Ze opereren systematisch, en als zodanig verbreken zij onze vroegere verbindingen, en dwingen ze ons om nieuwe, integrale en meer geavanceerde verbindingen te creëren die compatibel zijn met de wereld van de 21e eeuw.

De verschijning van het coronavirus heeft onze onderlinge afhankelijkheid en wederzijdse verantwoordelijkheid verder verduidelijkt. Het heeft ons laten zien hoe gemakkelijk het virus van de ene mens naar de andere overgaat, van het ene land naar het andere, ongeacht onze grenzen, afstanden, economische status en andere verschillen die wij tussen ons in plaatsen.

En als we misschien dachten dat wij de natuurwetten in ons voordeel konden manipuleren, is nu wel duidelijk dat we ongelijk hebben. De natuur is veel krachtiger dan wij, ze heeft strikte regels. Als we ze begrijpen en ernaar handelen, zullen we ons huis van bewaring kunnen verlaten en een nieuwe realiteit kunnen binnentreden.

4

Het Ultieme Vaccin

"Dat elk individu zal begrijpen dat zijn eigen voordeel en het voordeel van het collectief één en hetzelfde zijn. Daarin zal de wereld tot haar volledige correctie komen." - Baal HaSulam, *"Peace in the World."*

Enerzijds schaden onze egoïstische contacten het hele natuurlijke systeem, maar anderzijds geeft dit punt precies aan wat er gedaan moet worden om de ultieme remedie voor alle kwalen van de wereld toe te passen. De belangrijkste kracht in de natuur is de menselijke verbinding. Als wij leren hoe we positieve relaties kunnen opbouwen, zullen we het systeem op alle niveaus beïnvloeden met wederzijdse complementariteit.

Wat is de essentie van de verandering die het menselijk denken moet ondergaan? Dat wij een nieuwe manier van denken, buiten het egoïstische kader om, moeten toepassen, één die de integrale lijnen van de gedachte van de natuur volgt. Het is de overgang van een denkwijze die het individu als gescheiden en onafhankelijk beschouwt, naar de gedachte die individuen als onderling verbonden delen van een holistisch web beschouwt.

De manier waarop we denken in termen van alleen voor onszelf zorgen, is in onze tijd achterhaald. Dat wil zeggen: niet afgestemd op de onderling verbonden wereld. We kunnen ons welzijn en een optimaal gedrag in de wereld niet garanderen als we het door een nauw egocentrisch perspectief bekijken.

In een systeem waarin alles van elkaar afhankelijk is, heeft iedereen invloed op iedereen en is iedereen van elkaar afhankelijk. Daarom moet de bezorgdheid voor het eigen welzijn worden vervangen door bezorgdheid over het algemeen welzijn, om zo de zorg voor ieders welzijn te garanderen.

Zelfs in de jaren '40 al verduidelijkte Baal HaSulam dit punt in zijn artikel *"Peace in the World"*.

"Als in onze generatie ieder mens door alle landen van de wereld geholpen wordt om gelukkig te zijn, is het noodzakelijk dat in diezelfde mate het individu slaaf wordt van de hele wereld, zoals een tandwiel in een machine. Daarom is de mogelijkheid om in één land goede, gelukkige en vreedzame gedragingen te realiseren ondenkbaar als dit niet geldt voor alle landen van de wereld en omgekeerd."

De coronavirus pandemie leert ons een zeer belangrijke les over ons netwerk van verbinding, hoe het ons ertoe aanzet om op een meer evenwichtige manier te leven, als onderdelen van het verbonden systeem waar we allemaal deel van uitmaken. Het toont ons de onmogelijkheid om te blijven leven zoals we het voorheen deden. Ons gedrag en onze houding hebben een grote verandering nodig, namelijk de mensheid en de natuur als één integraal systeem accepteren, waarin we allemaal verschillende cellen en organen zijn. Simpel gezegd, we zijn allemaal met elkaar verbonden en afhankelijk van elkaar, zonder letterlijk voor iedereen te zorgen, kunnen we niet overleven.

Hoe eerder we de evolutionaire koers van de natuur begrijpen en onze relaties daaraan aanpassen, hoe eerder we in staat zullen zijn om potentieel lijden in de toekomst te vermijden. Bovendien zullen de komende tegenslagen naar verwachting harder aankomen dan het coronavirus, als we onze les deze keer niet leren.

Integraal Denken en Emotie

Laten we eens kijken naar het menselijk lichaam om beter te kunnen begrijpen wat het betekent om optimaal te functioneren in een integraal systeem. Stel je voor dat elk orgaan ineens besloot om te doen wat het zelf wilde, ongeacht zijn noodzakelijke functie om de gezondheid en het welzijn van het lichaam in stand te houden. In zo'n situatie kan het lichaam niet blijven bestaan. Het zou snel ziek worden en vergaan.

Optimaal systematisch functioneren vereist dat we een nieuwe integrale geest en emotie verwerven.

Daarom is het aanpassen van onze relatie met de natuurwetten het ultieme vaccin voor verschijnselen als de wereldwijde pandemie. We doen er verstandig aan om persoonlijke en wederzijdse verantwoordelijkheid - wat het coronavirus-tijdperk van ons eist - als de wet van verbinding in ons dagelijks leven toe te passen.

Begrijpen hoe we gezonde verbindingen kunnen weven tussen verschillende en zelfs tegengestelde individuen, is het volgende niveau van de menselijke evolutie. Het creëren van relaties die overeenstemmen met de natuurwetten vereist dat elk individu een diepe verbinding met anderen ontwikkelt. We moeten een gevoel ontwikkelen om elkaars behoeften te ontdekken, zodat we begrijpen wat we kunnen doen om elkaar te helpen en aan te vullen. Het is een nogal gecompliceerde taak, maar iedereen die erin slaagt, zal voelen dat er op dit moment zelfs persoonlijk voordeel te behalen valt in deze overgang naar een nieuwe perceptie.

Onze ontwikkeling in het aanvoelen van anderen zal ons de perceptie van het welzijn van anderen laten voelen als een aanvulling op ons eigen persoonlijk welzijn. Onze zienswijze breidt zich op die manier uit en houdt rekening met het gemeenschappelijk belang van zowel onszelf als anderen als één geheel. Daardoor zal onze perceptie van de werkelijkheid veranderen. Dit zal voor ons een hele wereld aan mogelijkheden openen die eerder buiten ons waarnemingsbereik was.

In zo'n geavanceerde staat zullen we met de wereld omgaan vanuit de intentie om onze eigen, unieke aanvulling toe te voegen. We zullen ieder ontdekken wat onze individualiteit en uniciteit is en dit gebruiken voor het welzijn van het collectief, in plaats van voor ons persoonlijk gewin dat niet met anderen verbonden is. We gaan dan ook veel meer indrukken uit onze omgeving in ons opnemen. We zullen ons met elkaar kunnen verbinden, voelen wat we allemaal voelen en denken, onze percepties en gevoelens uitbreiden en zo meer geavanceerde sociale wezens te worden. Hoe meer we anderen beïnvloeden met inspiratie, aanmoediging en steun om steeds positiever met elkaar verbonden te zijn, hoe meer we zullen groeien en ons ontwikkelen tot geüpgradede mensen, hoe groter onze waardevolle bijdrage aan de samenleving zal worden.

Het besef dat we allemaal van elkaar afhankelijk zijn en met elkaar verbonden zijn, zal ieder van ons helpen om te begrijpen en te voelen hoe het netwerk van verbinding ons beïnvloedt, hoe wij het systeem beïnvloeden, en wat we aan positiviteit bereiken door na te denken over het welzijn van het geheel. We zullen ons meer bewust worden van onze onontkoombare onderlinge afhankelijkheid, we zullen begrijpen hoe deze zich manifesteert op het gebied van gezondheid en eveneens op sociaal, economisch en politiek gebied. We zullen ook nauwkeurig kunnen vaststellen wat het systeem schaadt en wat het ten goede komt. Elke definitie van succes die we in het leven hebben, zal van het ene uiterste in het andere veranderen.

In overeenstemming daarmee verwachten we dat **toekomstige ontwikkelingen om naar elkaar toe attente en verantwoordelijke wezens te worden, ons zullen laten zien dat we nieuwe tools kunnen creëren die zullen dienen voor de overgang van individueel bewustzijn naar collectief bewustzijn.** Dergelijke tools zullen ons helpen om met onze nieuwe manier van omgang met elkaar te oefenen en zullen ons kwalificeren om steeds meer de verlangens en gedachten van anderen te begrijpen en te voelen.

Als de kwaliteit van onze contacten zo hoog wordt, krijgt iedereen een heel nieuw gevoel van veiligheid, vertrouwen, geluk en vitaliteit. Het gevoel dat mensen om ons heen ten gunste van ons denken, ons willen helpen, aanmoedigen, inspireren en onze geest willen verheffen, zal ons geleidelijk verlossen van onze niet aflatende bezorgdheid over onze eigen behoeften, van de bezorgdheid over onze persoonlijke situatie en onze toekomst. Wanneer ons hart en verstand zullen worden bevrijd van persoonlijke zorgen, zullen we meer aspecten van ons potentieel kunnen realiseren.

Klinkt dit perfecte beeld van de werkelijkheid utopisch of naïef? Misschien wel. Maar denk er eens over na hoe het als een illusie zou hebben geklonken vóór het coronavirus, als er gezegd was dat binnenkort bijna alle vluchten zouden stoppen, de wereldeconomie bijna tot stilstand zou komen, en mensen over de hele wereld thuis zouden moeten blijven.

5

Een Nieuwe Wereld

"Onze planeet is rijk genoeg om ons allemaal van alles te voorzien, dus waarom zouden we deze tragische oorlog, die ons leven generaties lang heeft verduisterd, tot de dood moeten uitvechten?" Baal HaSulam, *The Nation.*

Het coronavirus sloot ons in onze huizen op en liet ons zien hoe anders de wereld er van het ene moment op het andere kan uitzien. Het was duidelijk dat we niet waren voorbereid op deze pandemie. Het bracht een schok teweeg, maar door de tijd heen, ontdekten velen van ons een zekere charme in het weer terugkeren naar de schoot van onze gezinnen.

Velen hebben een herleefde gezinservaring meegemaakt die in onze consumptiecultuur verloren was gegaan: meer momenten van samen lachen, ontspannen de tijd doorbrengen met het gezin en luisteren naar wat onze dierbaren ons te zeggen hebben, aandacht geven aan hun zorgen, hoop en pijn.

De pre-coronavirus wereld lijkt echter op afstand sluw naar ons te knipogen en dreigt op volle kracht terug te keren. Op dit keerpunt krijgen we een eenmalige gelegenheid in ons leven voor een speciaal soort introspectie. We kunnen nu onderzoeken of we echt willen terugkeren naar het leven dat we achter ons moesten laten.

De pre-coronavirus wereld is niet gebouwd volgens onze behoeften, noch de behoeften van onze kinderen, maar volgens de regels van het economische systeem dat gevormd is door menselijk egoïsme. De norm bestond uit: van 's ochtends tot 's avonds werken en onze kinderen en echtgenoten zien als we ons aan het einde van onze vermoeiende dagen ongeduldig voelden; we zouden op een andere manier niet rond kunnen komen door alle uitgaven die zwaar op ons drukten.

De economie van vandaag is gebaseerd op consumentisme: agressieve productie, marketing, en tenslotte consumeren, met als doel de winst steeds meer te vergroten, markten uit te breiden en meer consumenten steeds slimmer uit te melken

Het consumentisme heeft ons ertoe aangezet om nieuwe auto's te kopen, onze keukens en appartementen te renoveren, meer overhemden, jassen, jurken en schoenen te kopen dan nodig. Het heeft ons zo beïnvloed dat we naar steeds meer andere landen vlogen en steeds meer naar restaurants gingen. Omdat we eraan gewend waren dat deze activiteiten de genoegens van het leven uitmaakten, gaven ze ons een goed gevoel, en hoe meer we ons leven ermee vulden, hoe succesvoller we onszelf vonden.

Omdat wij een respectabele materialistische status wilden bereiken - volgens het consumentistisch systeem waaraan we verslaafd waren geworden - hebben we ons leven gewijd aan hard werken, veel geld verdienen en daarna plezier hebben. We wilden op vakantie gaan naar de mooiste locaties ter wereld, maar keerden daarna altijd weer terug naar de dagelijkse ratrace.

Toen kwam dit alles tot stilstand.

Zoals een strenge moeder die haar kinderen een lesje wil leren zodat ze wijzer worden, verhief de natuur haar ferme hand met het coronavirus en vertelde ons: "Stop met alles wat jullie aan het doen zijn! Ga naar jullie kamers. Ga zitten. Denk na over waar jullie mee bezig zijn. Zien jullie al het kwaad niet dat jullie jezelf aandoen? Zien jullie niet dat je, als je hiermee doorgaat, je steeds ellendiger zult voelen en later met veel grotere ontberingen zullen worden geconfronteerd in het leven? Ik wil dat jullie nu serieus nadenken over wat jullie echt nodig hebben en wat niet, en ik hoop dat jullie alles van de hand doen wat jullie niet nodig hebben. Ik hoop ook dat jullie, als ik jullie uit jullie kamers vrijlaat, veel beter met jezelf en met de wereld waarin jullie leven, omgaan."

Dit virus is bezig om ons te veranderen. Het trof ons als een tsunami en het heeft veel vuil dat zich in ons leven ophoopte, weggewassen. Steeds meer mensen beginnen serieus in te zien wat echt belangrijk is in het leven, in wat voor soort wereld we werkelijk willen leven, wat de bezwaren zijn van het streven naar steeds grotere winstmarges en hoe menselijk de samenleving en de economie moeten worden ingericht om ons werkelijk voldoening te geven en gelukkig te maken.

De 'heilige' waarde van het oude paradigma bestond uit produceren, consumeren en vervolgens zoveel mogelijk weggooien om de wielen van de machine maar draaiende te houden. Nu zijn we genoodzaakt om even op adem te komen van al deze hectiek en is er ineens ruimte en tijd voor meer zinvolle bezigheden.

We hebben tijd en ruimte gekregen om ons kwalitatief beter te verbinden met elkaar, met meer warmte en liefde.

We kunnen op een dieper niveau contact maken met onze gezinnen. Ook kunnen we meer aandacht aan onze buren en vrienden besteden, vragen naar wat er in hun leven speelt en naar hun antwoorden luisteren.

Nu moeten we verder nadenken: Hoe bouwen we een wereld op die goed is om in te leven, een wereld van positieve relaties, zodat haar systemen gezamenlijk geluk zullen ondersteunen? Stel je eens voor hoe de media en de politiek eruit zouden zien als we destructieve concurrentie en privébelangen zouden verwijderen.

Dit is geen utopie. Het is eerder zo dat we geen andere keuze hebben.

De kwaliteit van onze verbindingen verbeteren, is een eis die de natuur ons oplegt voor ons ontwikkelingsproces, we zullen het op de een of andere manier voor elkaar moeten krijgen. Als wij de natuurwetten niet gaan begrijpen, maar er tegenin blijven gaan, zullen we met tegenslagen te maken krijgen die ons wel zullen dwingen om ons aan te passen aan de integraliteit ervan, net zoals bij de gebeurtenissen die zich nu afspelen met het coronavirus.

Een fundamenteel nieuwe wereld is een wereld waarin mensen leren om met elkaar om te gaan zoals zij met zichzelf omgaan.

Het is duidelijk dat dergelijke relaties onze eigen natuur te boven gaan, en juist daarom is de wijsheid van Kabbalah - de methode van verbinding - in onze generatie onthuld.

Als de ware verbinding de hoogste waarde wordt waarnaar we streven, als we leren om voor elkaar zorgzame, verantwoordelijke, ondersteunende en liefdevolle relaties te creëren, zullen we gaan voelen dat er een kracht in de natuur is die de werkelijkheid op deze zelfde manier bestuurt. We zijn er ons hele leven, door de hele geschiedenis heen, naar op zoek. Mensen noemen het "God", "het universum", "natuur" en geven het nog vele andere namen, zij hadden geen idee wat of waar "het" eigenlijk aanwezig was.

Nu kunnen we ontdekken dat dit de **kracht van verbinding en liefde is, de bron van het leven**. Deze kracht is niet in de hemel aanwezig en ook niet in onze verbeelding. Het is anders, deze kracht stroomt door de diepten van de nieuwe positieve relaties die we zullen opbouwen, is aanwezig in onze betere houding naar elkaar.

Wij kunnen samen deze stap voorwaarts zetten, alleen samen, samen als één. We moeten niet meer terugkijken en de oude wereld die ons tegen elkaar opzet nooit meer nieuw leven inblazen. Als we erin slagen om elkaar te helpen om op weg te gaan naar een steeds positievere verbinding - en ik hoop dat we dat zullen doen - zullen we zelfs dankbaar zijn voor het coronavirus, dan zullen we inzien dat het virus kwam om ons met kracht naar een veel betere wereld te leiden.

Ik wens ons allen sterkte en moed om deze cruciale verschuiving naar een positief-verbonden-mensheid waar te maken.